8º R

RÉFLEXIONS
PHILOSOPHIQUES
SUR
LE PLAISIR.

[par A. B. L. Grimod de La Reynière]

AVIS DES LIBRAIRES.

Les circonstances favorables dans lesquelles paroît cet Ouvrage, l'importance du sujet, l'étendue de la matière, & l'attention scrupuleuse avec laquelle on en a soigné la partie Typographique, tout sembloit permettre d'en porter la valeur à 30 sols, & personne, sans doute, n'auroit eu raison d'en murmurer.

Mais l'Auteur, jaloux de donner à son Livre une publicité relative à l'utilité dont il peut être, & de le mettre, par sa modicité, à la portée de toutes les classes de Lecteurs, *en a irrévocablement fixé* le prix à VINGT-QUATRE SOLS, broché, franc de port par tout le Royaume.

Les exemplaires sur papier superfin d'Hollande, se vendront 3 liv. On n'en a tiré qu'un petit nombre, comme c'est l'usage. Les reliures, (si l'on juge l'Ouvrage digne de cet honneur) se paieront vingt sols en veau gros marbre; 4 liv. en maroquin du Levant, avec trois filets, &c. &c.

RÉFLEXIONS PHILOSOPHIQUES

SUR LE PLAISIR;

PAR UN CÉLIBATAIRE.

Legite, Censores: crimen amoris abest. OVID.

A NEUFCHATEL;

Et se trouve A PARIS,

Chez
- L'AUTEUR, rue des Champs-Elysées, F. S. H.;
- La Veuve DUCHESNE, Libraire, rue Saint-Jacques;
- LE JAY, rue Neuve-des-Petits-Champs;
- DESENNE, au Palais Royal;
- PETIT, quai de Gêvres, à la Littérature moderne.

M. DCC. LXXXIII.

On trouve chez les mêmes Libraires les deux Ouvrages suivans, publiés par l'Auteur de celui-ci.

Le *Fakir*, Conte en vers, 1780, *in-8°*. broché, 12 f.

Le *Flateur*, Comédie en cinq Actes, en vers libres ; par M. DE LANTIER. 1782. Prix 30 *sols*.

On souscrit pour le Journal de Neufchatel, dont il paroît, chaque mois, un cahier de six feuilles in-8°, chez DESENNE, *Libraire, au Palais Royal. Le prix de l'Abonnement est de 24 livres par année pour recevoir l'Ouvrage, franc de port, par la Poste dans toute l'étendue du Royaume.*

PRÉFACE.

Le Célibataire, Auteur de cet Ouvrage, ne ressemble point à l'Être incompréhensible & frivole qui paroît quelquefois sous ce titre au Théâtre. Loin d'être aussi peu stable dans ses principes, aussi inconséquent dans ses actions que le Héros de M. Dorat, il s'est fait de son système un plan raisonné & suivi, que les actions de sa vie n'ont point encore démenti & ne démentiront *peut-être* jamais. Il est dans le véritable point de vue où l'on doit être pour bien juger des Femmes; c'est-à-dire, qu'elles ne lui ont jamais fait assez de bien pour qu'il puisse s'en louer, ni assez de mal pour qu'il ait le droit de s'en plaindre. Il est donc absolument désintéressé dans la Cause; & quoique son opinion sur

PRÉFACE.

le Sexe soit le fruit de dix années de réflexions, il verra sans peine quelqu'un s'élever pour les combattre. C'est du choc des opinions que naît la vérité, & son état, ses sentimens & sa conduite ont prouvé depuis long-temps qu'il a tout sacrifié pour elle.

On taxera sans doute son entreprise d'imprudence & de témérité, & il convient en effet qu'il faut être un peu cynique pour écrire contre les Femmes dans le sein de Paris : c'est briser en quelque sorte leurs Statues au milieu même de leur Temple.

Mais loin de s'effrayer des clameurs que la sévérité de nos principes ne manquera pas d'exciter, nous oserons les regarder comme les éloges les plus flatteurs de cet Ouvrage : heureux si nos efforts n'ont point été vains, & si les Femmes, réfléchissant *une seule fois* sur leurs devoirs & leurs

PRÉFACE.

obligations, s'apperçoivent enfin que les hommages qu'on leur rend ne font qu'un perſiflage continu, & que tel Homme qui leur jure un amour éternel, court, l'inſtant d'après, ſe moquer avec d'autres de leur ridicule crédulité ! Pour nous, qu'aucun intérêt n'oblige à leur cacher la vérité, nous nous ferons toujours un devoir ſacré de la leur dire, vouluſſent-elles même ne pas l'entendre. Nous leur prouverons par-là que nous les aimons d'une maniere auſſi déſintéreſſée qu'elle eſt nouvelle, & que ſi elles ſuivoient nos avis & nos conſeils, leur amour-propre y gagneroit comme leur vertu.

Un Auteur eſtimable (*) a compoſé un Livre dans cette vue; il a pour titre: *l'Ami des Femmes*; mais il a traité ce ſujet plus en Moraliſte qu'en Littérateur. Nous ne ſuivrons pas la même

---

(*) M. Boudier de Villemer.

route, & nous espérons, dans le cours de celui-ci, montrer plus souvent encore l'Ecrivain courageux que le Philosophe sévère.

Un autre Homme-de-Lettres, Membre d'une célèbre Académie, & Auteur de dix Volumes de Discours emphatiques que beaucoup de gens ont pris pour de l'éloquence, a traité aussi ce sujet : il a écrit sur les Femmes, mais *in genere laudativo*. Nous tâcherons d'éviter ce style dans notre Ouvrage, & sur-tout ce ton d'afféterie maniérée qui dépare celui de M. ***; tant il est vrai qu'on ne doit point sortir de son caractère, & qu'il ne faudroit jamais perdre de vue ce précepte d'Horace, presque aussi souvent cité qu'oublié :

Sumite materiam vestris qui scribitis æquam
Viribus . . . . .

SI l'on s'attend à trouver ici une

PRÉFACE.

fatyre amère des Femmes, on se trompe; & les personnes qui ne rechercheroient ces Réflexions que dans cette vue, peuvent se dispenser de les lire. On a tâché de se renfermer dans les bornes étroites d'une critique judicieuse, & sur-tout dans celles de l'honnêteté, dont les Gens-de-Lettres ne doivent jamais sortir.

Cet Ouvrage est annoncé depuis si long-temps dans le Public, que nous sommes réellement honteux de le publier aussi tard, & d'avoir tant fait attendre un Livre qui ne mérite pas sans doute l'empressement flatteur que l'on a montré de le voir paroître: mais le genre & la nature de nos occupations sont tels, que sans l'engagement formel que nous avons pris avec le Public dans la Préface d'un autre Ouvrage (1), nous aurions peut-être

_____

(1) Le Fakir. Voyez aussi les Préliminaires de la Comédie du Flatteur.

PRÉFACE.

été forcés de retarder encore la publication de celui-ci.

Quoique ces *Réflexions* ne soient pas la première production littéraire de l'Auteur (2), on peut cependant les regarder en quelque sorte comme son début dans une carrière où les succès même ne sont pas toujours la preuve du talent comme ils en deviennent quelquefois la récompense, & dans laquelle il paroît plus aisé d'obtenir des éloges que de mériter des suffrages. Il ose donc solliciter l'indulgence de ses Lecteurs, & sur-tout celle de cette partie éclairée du Public, qui ne se fait point un jeu barbare d'humilier les instrumens de ses jouissances, & qui

---

(1) On sait qu'il s'est occupé long-temps, conjointement avec un Homme-de-Lettres estimable & de l'amitié duquel il s'honore, d'un Ouvrage dont le Public a paru regretter la suppression, & qui est demeuré en estime chez les Gens-de-Lettres, &c. Voyez aussi le Fakir, Conte en vers, qui a paru à la fin de 1780, le Journal de Neufchatel, depuis le mois de Janvier 1781, &c.

PRÉFACE.

préfère le sentiment flatteur qui encourage toujours, à la justice sévère qui rebute souvent.

Nés avec un goût décidé pour les Beaux-Arts, nous nous sommes vus, dès nos plus jeunes années, entraînés par une impulsion irrésistible dans la carrière des Lettres. C'est en les cultivant que nous avons cherché le bonheur & le repos; & si nous n'y avons pas trouvé l'un, nous pouvons assurer au moins que nous y avons rencontré l'autre. La Littérature est devenue pour nous une Amie éclairée & sensible, qui, nous délivrant du joug des Passions dans un âge où l'on ne se soustrait guère à leur empire, nous a conduits par des sentiers de fleurs à cette Philosophie douce & tranquille, qui jouit de tout sans s'affliger de rien, & qui, respectant les Mœurs & la Religion, liens sacrés de toute Société, nous fait un devoir d'aimer les Hommes sans les

PRÉFACE.

craindre, & de vivre avec eux fans les haïr. C'eft aidés du fecours de cette Philofophie (bien différente de celle du jour), qui voit fans paffion, juge fans intérêt, & obferve fans trouble, que nous avons étudié le cœur d'un Sexe qui fait ou la félicité ou le malheur de l'autre. Nous avouons que ce n'a pas été fans peine ; car s'il fe cache aux yeux même de l'Amant, à combien plus forte raifon ne cherchera-t-il à fe fouftraire à ceux de l'Obfervateur ! Nous ofons dire cependant que nos recherches n'ont pas été tout-à-fait infructueufes & nous n'aurons qu'à nous féliciter, fi devenant en quelque forte des inftruments du Bonheur de celles qui en ont été l'objet, elles peuvent garantir de piéges féducteurs & dangereux les Hommes que rien n'a pu encore corriger, & qui fe livrent au péril avec plus de fécurité que jamais. Ah ! quand l'intérêt & le foin de leur bonheur

PRÉFACE.

les engagera-t-il à préférer l'Amitié toujours aimable, à l'Amour souvent terrible, &, comme nous le disoit autrefois un Homme-de-Lettres connu par la douceur de ses mœurs & l'agrément de son esprit (3), quand seront-ils persuadés que *les Goûts seuls peuvent nous rendre heureux, mais jamais les Passions?*

Le but de cet Ouvrage étant de rendre les Femmes meilleures & les Hommes plus sages, nous nous sommes

---

(3) M. W....., de l'Académie Françoise, Auteur d'un Poëme très-estimé, sur l'Art de peindre, d'une foule d'articles intéressans dans l'Encyclopédie, & qui, né avec une fortune considérable & tout ce qui peut contribuer à rendre la vie heureuse, a su passer de la classe d'Amateur dans celle des Artistes, sans rien perdre de la considération attachée à l'Amour & à l'exercice de tous les Talens agréables.

Nous nous félicitons de pouvoir lui consacrer ici quelques lignes, & ceux qui nous connoissent rendront justice aux sentimens qui nous les dictent. Ah ! combien la carrière des Lettres seroit agréable, si l'on y rencontroit souvent de pareils Mécènes.

fait un devoir de le publier, bravant ainsi les satyres, les libelles, & toutes les armes dont les sots & les méchants s'arment avec tant de plaisir & de succès contre ceux qui leur déplaisent (4) : & méprisant de bon cœur les inductions malignes qu'on cherchera sans doute & qu'on a déjà cherché à tirer de notre façon de penser à cet égard. Il est bon d'apprendre une fois pour toutes, à ceux qui feignent de l'ignorer, que le Censeur des Femmes n'en est point l'Ennemi, & qu'on peut n'être pas libertin sans s'exposer à passer pour pis encore. Les Hommes seroient bien malheureux, s'ils n'avoient à choisir que dans cette déplorable alternative.

En déclarant que nous méprisons la satyre, nous croyons devoir ajouter que nous respectons la critique. Outre

_____

(4) Tout le monde connoît ce mot charmant de feu M. Duclos : *Les Gens du monde craignent les Gens-de-Lettres comme les Brigands craignent les reverbères.*

PRÉFACE.

qu'elle est utile aux talens comme aux Ouvrages, il seroit ridicule de chercher à nous y soustraire, tandis que nous nous faisons un devoir de l'exercer nous-mêmes. Nous profiterons avec reconnoissance de celles dont on voudra bien honorer cet Ouvrage, mais nous nous imposons en même temps la loi de n'y jamais répondre.

Avant de terminer cette Préface, déjà trop longue peut-être, qu'on nous permette une réflexion. Les Femmes seront-elles en droit de mépriser les avis d'un Homme qui n'a d'autre mission que son zèle pour leur en donner, ou prendront-elles le parti plus sage sans doute, d'en profiter en silence? Nous n'osons décider une question aussi délicate ; mais nous prévoyons à-peu-près quel sera le sort de ces *Réflexions*. Les principes sévères que nous allons exposer avec une franchise un peu cynique, alarmeront d'abord celles

PRÉFACE.

qui voudront s'appliquer nos remarques; peu-à-peu elles y penseront moins, & finiront sans doute par oublier des avis salutaires & donnés sans fiel. Il nous restera dans cet oubli une consolation, celle de penser qu'il ne sera point général, & que les Femmes sensées (car il en est encore, même à Paris), réfléchissant sur les motifs de l'Auteur & sur le but de ses travaux, rendront hommage aux uns, & sauront justifier l'autre. Puisse cette réflexion ne point leur échapper! Elles nous remercieront quelque jour de leur avoir dit aujourd'hui des vérités dures, & d'avoir essayé de les conduire, par des chemins sévères, dans la route d'un bonheur durable, partage & récompense de la Vertu.

RÉFLEXIONS

RÉFLEXIONS
PHILOSOPHIQUES
SUR
LE PLAISIR.

Le Plaisir est une sensation que l'on éprouve, mais que l'on ne définit pas. Comme une vapeur légère, il s'envole dès qu'on veut l'analyser. L'Homme du monde en jouit sans le connoître; le Philosophe le connoît & ne peut l'approfondir. Il semble être d'une nature qui résiste à la réflexion & se soustrait à l'examen. Vrai Caméléon, il prend toutes les formes & n'en garde aucune : il est le produit des passions, les flatte & les nourrit. L'Avare le met dans la contemplation de ses trésors, l'Ambitieux dans l'idée du pouvoir, l'Homme sensuel dans la jouissance des choses qui font le but de ses désirs. Tour-à-tour objet de leurs caprices & de leur repentir, il semble être nécessaire aux Hommes qui courent après lui, comme un frénétique après une mort assurée. On n'apperçoit que les fleurs, & l'on tombe dans l'abîme avant d'avoir songé qu'il pouvoit y en avoir un.

Tel est le faux Plaisir, & tels sont en général tous ceux des sens.

Il en est un véritable, & qui ne peut être goûté que par les ames épurées & solides : c'est celui qui naît de la combinaison naturelle & de l'accord de nos actions avec les loix de la vertu. Celui-là seul est sans remords; il est durable, & ses jouissances multipliées dans un cœur sensible forment un enchaînement de prospérités qui se renouvelle sans cesse. Tel est le moment & le souvenir d'une action vertueuse; telle est la pratique constante des loix, qui seules peuvent assurer le bonheur de la Société.

Ce Plaisir, qui est le véritable & le seul qui mérite ce nom, n'est pas moins difficile à analyser que l'autre. Il faut l'éprouver pour le sentir; il faut le sentir pour le connoître, & peu de gens parviennent à cette connoissance.

Si quelque chose pouvoit donner une idée de ces deux espèces de Plaisirs, ce seroit de dire que l'un est le partage de l'Amour, l'autre la récompense de l'Amitié; encore cette comparaison feroit-elle imparfaite, tant l'acception de ces deux mots, l'*Amour* & l'*Amitié*, est encore peu déterminée dans notre langue.

L'Amour est une passion aveugle & tumultueuse qui s'empare de l'ame par la voie des sens; qui, sous l'attrait du Plaisir, cause les plus violens chagrins, énerve le cœur, abrutit l'ame, & plonge le malheureux qui en est attaqué dans un état de crise dont il ne sort pas quand il le veut. Alors il désire, il craint, il s'attriste, il se réjouit sans causes & sans motifs; mille sentimens divers & opposés s'emparent de son cœur & de toutes ses facultés; l'anéantissement total de la raison succède à ce délire des sens, l'accroît & le prolonge. Et qui produit tous ces maux? souvent un seul regard. C'est ainsi qu'une foible étincelle allume un immense embrasement.

L'Amitié au contraire est un sentiment doux & tranquille, qui remplit l'ame sans trouble, console des maux de la vie, aide à les supporter, & soulage en quelque sorte du fardeau qu'ils imposent: c'est la passion des cœurs vertueux; elle fait naître, elle entretient un épanchement secret, source de mille félicités inconnues; elle prolonge la vie, en double le prix & soutient l'Homme dans ſes malheurs, comme elle le réjouit dans le cours de ſes proſpérités. Et que deviendroient en effet les ames vertueuſes & ſenſibles, ſans cette divinité conſolatrice que les Dieux ſemblent avoir accordée dans leur faveur aux Hommes, pour les conſoler du malheur de l'exiſtence?

Les tranſports de l'Amour ſont des illuſions paſſagères que le retour de la raiſon anéantit & diſſipe; les jouiſſances de l'Amitié ſont des plaiſirs réels dont le temps affermit la durée, & dont rien ne peut altérer la conſtance. Des Amans ſe brouillent, ſe quittent & rompent pour le plus léger ſujet; de vrais Amis ſupportent avec courage les défauts attachés à la conſtitution de notre être, & plaignent l'un dans l'autre les foibleſſes de l'humanité ſans chercher à les accroître. Le ſentiment de l'indulgence eſt donc la véritable baſe de l'Amitié; le rapport des ſenſations en eſt le lien, & l'accord parfait des vertus met le dernier ſceau à cette paſſion des cœurs honnêtes.

Notre but n'eſt pas de pouſſer plus loin ce parallèle. Quelle que ſoit la ſolidité de nos raiſons, elles pourront bien n'être pas goûtées par le plus grand nombre, & à coup ſûr les

Jeunes gens & les Femmes ne se persuaderont jamais que l'Amitié soit préférable à l'Amour.

Cette incrédulité n'a rien qui nous étonne. La Nature, l'attrait des voluptés, le torrent de l'exemple, tout entraîne la jeunesse vers une route opposée : ce n'est guères que dans un âge mûr, après avoir énervé les facultés de son ame & abruti ses sens par l'usage immodéré des plaisirs, qu'elle rapporte sur l'autel de l'Amitié un cœur épuisé, & qui n'est plus fait pour en goûter les douceurs.

Pour les Femmes, c'est autre chose. Soit qu'elles tiennent de la Nature un tempérament plus froid (car la prostitution naît plutôt du besoin que des désirs), soit que l'éducation qu'on leur donne les accoutume à une certaine retenue, dont elles ne perdent pas tout-d'un-coup l'habitude, il est certain qu'elles ont moins de penchant pour le libertinage, sur-tout dans le premier âge; mais elles n'en sont pas pour cela plus capables de sentir les douceurs de l'Amitié. L'Amour propre, sentiment inné dans leur ame & presque toujours leur passion dominante, ne leur permet de voir dans leurs amies que des concurrentes ou des rivales; & c'en est assez pour les priver de toute espèce d'intimité.

Au reste, ce n'est point un Traité de Morale que nous voulons présenter ici. Nous n'avons prétendu que recueillir les nombreuses observations qu'une étude constante nous a mis à portée de faire dans les différens cercles où le hasard nous a conduits, & les présenter dans un seul Ouvrage. Ces observations eussent été faites sans doute aussi bien par la plupart de nos Lecteurs; car, lorsque les Gens du monde ne sont pas entraînés par le tourbillon, ils ont ordinairement une sagacité merveilleuse, & une aptitude à saisir, ou même à donner des ridicules, que nous chercherions en vain à imiter. Cependant l'art d'observer est devenu aujourd'hui plus difficile que jamais. La crainte qu'on a de de se découvrir, le besoin qu'on a de se cacher, font qu'on ne lit plus sur l'extérieur ce qui se passe au-dedans, & que le visage n'est plus l'expression fidelle des mouvemens de l'ame. C'est sur-tout dans les Cours que l'on remarque cette réserve; & en effet, plus la nécessité de ne se pas laisser pénétrer a été grande, plus les efforts pour y parvenir ont dû l'être aussi: vous n'y voyez que des visages rians; & l'air serein que chacun fait paroître, donneroit à croire que des individus, rongés d'Ambition, de Jalousie & d'Avarice, sont les plus tranquilles & les plus heureux des Hommes.

Les Femmes à qui la Nature a refusé l'énergie des sentimens, & qui sont obligées de remplacer la force qui leur manque par l'artifice qui semble être leur apanage : les Femmes sont par conséquent plus difficiles à pénétrer. On sent bien que tout leur fait un devoir du silence, & qu'à moins d'être leur Amant, il est difficile de savoir leur secret.

Pour nous, que des principes austères & une vie consacrée au travail ont toujours éloignés de cet état d'asservissement, qui convient plutôt à des Enfans qu'à des Hommes, comment avons-nous pu étudier la matiere sur laquelle nous allons écrire ? Voilà sans doute la premiere objection que tout Lecteur va nous faire ; nous demanderons la permission de n'y pas répondre, & de garder là-dessus le plus absolu silence : peu importent les moyens que nous avons employés, s'ils nous ont réussi. C'est-là la Question sans doute ; mais on ne sera en droit de la décider qu'après avoir lu cet Ouvrage.

Afin de mettre plus d'ordre ou moins de confusion dans cet Essai, nous allons présenter successivement nos idées sur les *Femmes*, les *Jeunes-Gens*, le *Mariage* & le *Célibat*. Comme nous voulons être lus, nous tâcherons d'être courts : car, pour peu qu'un livre ait plus d'une douzaine de feuilles, les Gens du monde craignent de s'y arrêter ; &, comme l'a fort bien remarqué l'Auteur du *Tableau de Paris*, un Ouvrage de longue haleine n'est guères lu dans la Capitale, avant que la Province ait décidé de son mérite. Voilà le fruit de la vie dissipée qu'on mène à Paris. On y a toujours le temps de s'amuser, jamais celui de s'instruire, & ce n'est pas encore là le plus grand mal que produit l'amour immodéré des Plaisirs.

DES FEMMES.

De toutes les études qui conduisent à la connoissance du cœur humain, celle des femmes est sans contredit la moins aisée. Le rôle d'observateur est aussi difficile à soutenir qu'à cacher. Il faut, pour le remplir, une tête à toute épreuve, une prudence consommée & une grande politesse; qualités dont la réunion est assez rare, sur-tout chez un Jeune homme. Pour peu que vous inspiriez de la défiance, on vous éconduit, ou l'on s'observe devant vous avec une circonspection qui rend toutes vos études inutiles. Il faut nécessairement, pour réussir dans ce rôle, que le Philosophe se cache sous les airs légers & folâtres du Petit-Maître; il faut que, démentant la gravité de son caractère, il dise presqu'autant de folies qu'il en voit faire, & ce n'est qu'en prenant un Rôle dans la pièce, qu'il peut en devenir Spectateur.

Convenons aussi que, si ce personnage est difficile, on est bien dédommagé de ses peines par le fruit de ses observations. Rien de plus piquant pour un homme d'esprit que le jeu de toutes ces machines. Il gagne en profondeur ce qu'il a perdu en superficie : le Plaisir remplace l'illusion. Et quoi de plus délicieux en effet, que cette ample moisson de Ridicules qu'on est à portée de faire tous les jours dans la Société !

L'usage où l'on est à Paris de renfermer les filles jusqu'au jour de leur mariage, ne permet en aucune façon de les étudier. Lorsqu'elles sortent du Couvent à cette époque, c'est ordinairement pour un temps très-court; & toujours sous les yeux d'une mère que l'expérience a rendue attentive, il est presqu'impossible de juger de leur caractère. Sans cesse obligées de se contraindre, ce qu'on voit à travers leur air boudeur, c'est qu'elles brûlent de se dédommager de cette gêne continuelle; & que, si elles sont alors des Colombes, elles ne tarderont pas à devenir des Dragons, comme l'a remarqué fort judicieusement M. Goldoni.

Il est des Pays où cet usage de renfermer les filles n'existe pas. Dans les Etats Protestans, dans le Pays de Vaud, par exemple, non-seulement les Demoiselles ne sont jamais cloîtrées; mais elles quittent souvent l'œil de leurs Parens, font société avec leurs amies, & admettent dans ce cercle les jeunes gens de leur connoissance. Rien n'est plus singulier pour un François que de se trouver dans une de ces assemblées; pas une mère, pas une surveillante, la plus grande liberté : mais cette liberté même est l'Egide des mœurs; chaque couple redoute plus l'œil de son égale que celui de ses Supérieurs; & il est inoui que dans une association de cette nature, il se soit jamais passé rien dont la pudeur ou la décence aient eu sujet de s'alarmer.

On conviendra que cette méthode est commode pour un Observateur. Dans un cercle ainsi composé, & dans un Pays où la Nature n'a presque rien perdu de ses droits, les jeunes personnes se livrent davantage, & permettent plus volontiers de lire dans leur ame. Chacune, pour peu qu'elle soit jolie, a un Amant en titre, qui vient la voir au su de ses parens; elle va se promener avec lui tête-à-tête, ou tout au plus avec une compagne, qui mène aussi son *Ami*: & soit que la confiance écarte toute idée de prévarication, soit que les mœurs françoises n'aient pas encore perverti la jeunesse de ces aimables lieux, soit enfin que la sécurité même devienne le gage de la retenue, jamais il n'arrive rien dans ces tête-à-têtes dont l'honnêteté puisse rougir; on y tient des propos tendres, mais jamais libres; on s'y permet de la galanterie, jamais de l'obscénité; & l'Amant trop passionné qui s'émanciperoit jusqu'à baiser la main de sa Maîtresse, seroit aussi-tôt puni, par le délaissement, de son indiscrète témérité.

Heureuse Contrée, où l'innocence est la sauve-garde des mœurs, où la beauté devient un gage de la vertu, & où la coquetterie même ne s'écarte jamais de la décence !

Plus on accorde là de liberté aux filles, & plus leurs devoirs sont rigoureux, lorsqu'elles deviennent épouses. Cela nous paroît dans l'ordre de la Nature : & nous croyons que, dans le régime de toute Société bien policée, une Demoiselle ne doit répondre de sa conduite qu'à elle-même. Si la voix du Plaisir se fait entendre, la crainte d'être déshonorée ou de manquer un établissement suffit pour la retenir. C'est en s'accoutumant au danger qu'elle le brave ; & la séduction n'en est plus une, dès que la contrainte cesse de lui servir d'aliment.

Une femme au contraire se doit à son mari, à ses enfans, à deux familles dont les yeux sont ouverts sur sa conduite ; elle est comptable de l'honneur (*) de son époux, de celui de sa postérité : tout la retient. Une vie sédentaire & consacrée

_____

(*) *L'honneur !* Et c'est donc là que l'homme l'a placé !

aux soins domestiques, lui fait oublier qu'il est d'autres plaisirs. Elle met son bonheur à rendre heureux tout ce qui l'entoure; & persuadée que dans son nouvel état on n'auroit plus pour elle la même indulgence, elle s'observe avec un soin particulier, & devient d'autant plus circonspecte, qu'elle avoit été dissipée dans son jeune âge.

Si nous quittons la Suisse pour retourner en France, nous verrons des mœurs bien différentes. Au lieu de ces filles naturelles, vives & gaies, nous les trouverons hypocrites, sérieuses & compassées, fruit nécessaire de leur éducation. Il est vrai qu'elles savent bien s'en dédommager lorsqu'elles sont femmes, & que, par un renversement inouï de toute idée de bienséance, elles ne sont jamais moins réservées que lorsqu'elles devroient l'être davantage.

Quoique ces différences soient bien sensibles, ce n'est pas dans la classe des Grands que les maris ont le plus à souffrir de l'humeur de leurs épouses : ils vivent en général peu avec elles, & au bout de quelques mois de mariage, ils ne les voient guères qu'en public. De vastes hôtels permettent à chacun d'avoir son appartement séparé, & ils ont rarement à souffrir de ces caprices réciproques qui font le tourment des ménages ordinaires. Un Grand ne se marie jamais que pour satisfaire à l'usage, & par un désir de perpétuer son nom, commun à tous les gens de son espèce. Cependant il ne voit pas ses enfans avec moins d'indifférence que son épouse. Lorsqu'ils avancent en âge, il ne les regarde plus que comme ses héritiers; & s'il aime davantage son petit-fils, c'est qu'il voit en lui un vengeur..... Mais n'anticipons pas sur le chapitre *Mariage*, & revenons aux Femmes, abstraction faite de ce qui les entoure.

On les distingue à Paris en trois classes : les Femmes proprement dites, les Courtisanes & les Demoiselles.

Nous avons dit à-peu-près tout ce que nous avions à dire de ces dernières : il nous reste à parler des Femmes comme il faut, & de celles qui ne le sont pas.

On peut dire qu'aujourd'hui leur ton diffère peu, & qu'il faut de l'usage pour ne pas s'y méprendre. A qui la faute ? nous n'osons le décider. Mais il est certain que, depuis quelques années, chacune de ces deux classes a travaillé réciproquement à rapprocher la distance qui les séparoit. Les Femmes ont-elles perdu à ce rapprochement ? les *Filles* s'en sont-elles mieux trouvées ? nous l'ignorons. Ce qu'il y a de bien sûr, c'est que les Mœurs n'y ont gagné en aucune manière.

On avoit autrefois une Maîtresse par goût, on l'a aujourd'hui par vanité; & ce qu'on faisoit pour l'intérêt de son Plaisir, on ne le fait plus que pour celui de son Amour-propre. Il y a tel homme dans Paris qui ne va pas douze fois par an chez la Catin qui le ruine; mais lorsque la voyant passer dans un lieu public, il entend répondre à la question, *Qui prend soin de cette femme-là ?* = *C'est Monsieur.....*, son petit orgueil est satisfait. Pauvre jouissance, qui ne dispense pas de la honte du vice, & qui empêche même d'en recueillir les fruits !

Convenons cependant que les Femmes sont en grande partie causes de la dissolution des mœurs actuelles. Au lieu d'employer tous les moyens pour ramener le cœur de leurs maris & regagner leur affection, elles semblent s'étudier au contraire à leur rendre la vie domestique insupportable, & les obligent de chercher ailleurs la tranquillité dont ils ne peuvent jouir chez eux. Il est vrai que la manière dont se font à présent les mariages contribue beaucoup à ce genre de vie; c'est ce que nous examinerons un peu plus en détail en traitant cette matiere.

Il est certain, & nous rougissons d'être obligés de le dire, qu'une Courtisane, dont l'état est précaire, a plus d'intérêt d'être aimable qu'une Femme honnête dont l'existence est assurée. De-là sans doute l'attrait qui porte les hommes vers les premières & les éloigne des autres. Ils consentent volontiers à être trompés sur les motifs de l'accueil qu'ils reçoivent, pourvu qu'ils s'amusent, ou du moins qu'ils puissent se décharger pendant quelques heures du fardeau de la vie : car l'ennui les poursuit sans cesse ; l'existence devient pour eux un supplice ; & comme ils n'ont jamais su s'en occuper, ils ne savent pas non plus se réjouir. La conséquence est nécessaire ; l'un est la suite naturelle de l'autre.

Nous voyons aujourd'hui beaucoup moins d'intrigues de société qu'autrefois. Soit que les Hommes, ennuyés d'acheter des faveurs par des soins, aiment mieux les payer un peu plus cher pour ne pas les attendre ; soit que les Femmes, dégoûtées des tracasseries continuelles qu'entraînoit nécessairement la galanterie, aient fini par s'en lasser elles-mêmes, il est certain qu'il n'y a plus guères que celles qui vivent

dans

sur le Plaisir.

dans les Cours qui continuent ce commerce; encore pouvons-nous assurer que l'Amour n'y entre jamais pour rien. Ces liaisons sont une suite des vicissitudes de l'air qui règne en ce Pays. L'Intrigue, le Besoin, l'Ambition, voilà les motifs qui les font naître. On se prend, on se quitte, on se reprend; tout est égal. On est convenu d'abjurer tout sentiment de pudeur & d'honnêteté; malheur à l'être timide qui paroîtroit révolté d'un tel scandale! il dévoileroit bientôt son inexpérience & son peu de pénétration.

Mais si la galanterie n'existe plus dans les Sociétés de la Capitale, qu'on ne croie pas que pour cela les Femmes soient devenues plus chastes, ou qu'elles aient renoncé aux douceurs de l'Infidélité. Il nous suffit de dire qu'elles font de leur côté la même chose que les Hommes; & si c'est avec moins de publicité, ce n'est pas avec plus d'innocence..... Mais détournons les yeux de cet horrible tableau: il est des excès qu'il faut ensevelir dans les ténèbres du silence, lorsqu'on ne veut pas dégrader entièrement l'Humanité.

On assure que si Molière vivoit aujourd'hui parmi nous, ce ne seroit plus le Tartuffe de Religion, mais celui de Mœurs, qu'il auroit à peindre. Il est vrai que l'Hypocrisie proprement dite a beaucoup perdu de son crédit, & ne se montre que rarement : mais nous ne croyons pas que celle des Mœurs l'ait remplacée. On fait gloire à présent du libertinage presqu'autant que de l'incrédulité, & l'on sembleroit rougir d'avoir de la vertu, comme on rougit depuis long-temps de montrer de la Religion.

Ce ne sont pas les Jeunes-Gens qui affichent le désordre avec le plus de scandale ; ils semblent avoir conservé dans le Monde un reste de pudeur, & ce n'est guères qu'entre eux qu'ils font gloire de leurs excès. Si le crime pouvoit jamais s'excuser, ils seroient peut-être moins à blâmer qu'à plaindre. Egarés par leurs sens, sourds aux conseils de la Raison, privés des avantages de l'expérience, entraînés sans cesse par l'exemple & le charme du danger même ; que de motifs pour succomber ! Mais que des Hommes faits, qui ne peuvent alléguer aucune de ces excuses ; que des Pères de famille, des Vieillards auxquels il ne reste que le souffle de l'existence, se plongent dans tous les excès, fassent trophée du libertinage, & insultent à la vertu par un mépris continuel des bonnes mœurs ; voilà ce que l'Homme honnête aura peine à croire, & c'est cependant ce que nous voyons tous les jours avec une tranquillité qui approche de l'indifférence, & prouve combien nous sommes indulgens, & peu capables d'indignation contre le vice.

Les dissentions domestiques, le scandale, le relâchement de tous les nœuds civils & l'oubli de tous les devoirs sociaux, ne sont pas les seuls maux enfantés par le libertinage & la prostitution. Si le mal ne s'étendoit que sur la génération présente, ce seroit autant une justice qu'une calamité: mais l'existence est empoisonnée jusques dans sa source; & sans parler des maux physiques, dont les ravages horribles font frémir, quel tort continuel le libertinage ne fait-il pas à la population! De jeunes Filles, qui seroient devenues d'excellentes citoyennes, sont arrachées dès l'âge le plus tendre de la maison de leurs parens; eux-mêmes en font souvent un odieux trafic. Nos Campagnes sont abandonnées pour repeupler les lieux infames de la Capitale; & comme si les asiles du crime n'étoient pas assez multipliés, nous voyons trois Théâtres sur lesquels on offre aux désirs des débauchés l'espérance de la race future: les graces y sont à prix; & par un raffinement inouï, & peut-être inconnu aux siècles précédens, nous voyons dans ces repaires scandaleux, le dirai-je ? nous voyons prostituer l'enfance.

Comme le libertinage ne dispense pas toujours d'être mère, & que la stérilité n'est pas une suite nécessaire de la débauche, quel sort préparons-nous à ces êtres infortunés qui doivent la vie à notre lubricité ? qui prendra soin de leurs jours malheureux ? où reposeront-ils leur pénible existence ? Désavoués par la Nature, proscrits par les Loix, rejettés de toutes parts, qui leur tendra une main secourable ; & que deviendroient-ils sans la bienfaisance d'un Gouvernement sage, qui s'empresse de pourvoir à leurs besoins, à leur éducation, à leur établissement ?

Honorons à jamais ces Hommes respectables dont les vertus couvrent les suites de nos désordres : c'est à leur prévoyance éclairée que nous devons l'extirpation de l'Infanticide, crime affreux, & devenu aujourd'hui très-rare. Ne pouvant détruire la cause du mal, ils en ont arrêté les effets ; & s'ils ne donnent pas une famille à ces enfans malheureux, abandonnés dès leur naissance, ils leur offrent au moins un asile.

DES JEUNES GENS.

Pourquoi l'âge le plus heureux de la vie, celui d'où semble dépendre la destinée des autres, est-il ordinairement le plus mal employé? Jusques à quand la Jeunesse fera-t-elle tourner contre elle-même l'assemblage des facultés vivifiantes qui lui ont été données pour son bonheur? Mais c'est encore un des malheurs de cet âge, d'être sourd à la voix de la raison. L'expérience seule peut corriger; & l'expérience, comme l'on sait, ne laisse jamais que des regrets impuissans & tardifs. Peut-être aussi est-ce un bien dans l'égalité des choses, que les Jeunes-Gens ne sentent pas tous leurs avantages : rien ne leur résisteroit alors; ils envahiroient tout. Et que ne peut en effet la maturité de la raison unie à la vigueur de l'âge?

Les mœurs des Jeunes-Gens de la Capitale n'ont pas souffert moins de révolutions que celles des Femmes : mais nous osons dire que ceux-ci ont peut-être gagné ce que les autres ont perdu. La Jeunesse n'est plus aujourd'hui si turbulente qu'autrefois ; on trouve moins de Tapageurs, moins de Duellistes, plus de têtes raisonnables.

Convaincus du besoin de s'instruire, les Jeunes-Gens en ont enfin montré le désir; ils ont fait voir plus de docilité, moins de présomption & plus de modestie : il est vrai que, lancés dans le tourbillon du Monde, ils perdent bientôt ces qualités heureuses pour en adopter les travers ; mais le germe de leurs premières dispositions n'est pas tellement étouffé dans leurs ames, qu'il ne laisse l'espérance de lui voir dans la suite porter quelques fruits.

Un des avantages du séjour des grandes Villes, c'est de ramener l'égalité parmi les Hommes: la multiplicité des titres en efface l'éclat, & l'habitude des décorations fait qu'elles n'en imposent plus. A mesure que les lumières & les Lettres ont fait des progrès, on a senti la frivolité de toutes ces distinctions puériles que l'Homme sage sait apprécier, sans cependant les mépriser tout-à-fait; elles sont nécessaires peut-être pour occuper les Grands, amuser leur ambition & la détourner d'objets plus graves : mais si elles deviennent pour eux un motif d'orgueil, ils ne tardent pas à s'en voir punir par le ridicule, celle de toutes les armes qu'ils redoutent le plus.

On peut dire aujourd'hui qu'en général le ton de nos jeunes Seigneurs est honnête, que leurs mœurs sont devenues beaucoup plus simples, & qu'ils sont d'un commerce assez facile: peut-être ce changement tient-il aussi de leur façon de s'habiller; car les plus petites choses influent plus qu'on ne croit sur le caractère, & la simplicité extérieure est souvent l'annonce de celle de l'ame. On est aussi poli, mais moins cérémonieux qu'autrefois; & le Provincial seul fait encore des façons. Rien n'étoit si gênant que cette étiquette scrupuleuse, qui mettoit de l'importance jusques dans les moindres actions de la vie civile, & ne permettoit à personne de se moucher, de saluer ou d'éternuer à sa manière: on a banni de la Société tous ces usages ridicules, & l'on a bien fait; il y reste encore assez d'entraves pour en dégoûter les gens d'esprit, que ces puérilités auroient fini par en exiler tout-à-fait.

Les Gens du monde ont cependant vu avec peine l'oubli de ces prétendus devoirs. Jaloux de conserver un genre de supériorité qu'on seroit mal venu de leur disputer, ils étoient bien aises d'avoir cet avantage sur les Hommes de Lettres, peu curieux de toutes ces recherches, & qui préfèrent la politesse de l'ame à celle des manières : mais comme ce sont les Jeunes-Gens qui donnent le ton, ils ont été contraints eux-mêmes d'y céder pour ne pas paroître ridicules.

Les Femmes se plaignent pareillement qu'on n'est plus aussi poli avec elles qu'autrefois ; mais qu'elles réfléchissent qu'en perdant de leurs charmes, elles ont aussi perdu le droit d'être exigeantes, & qu'un visage qui rebute n'invite pas à dire des douceurs. Il est vrai qu'on ne se précipite plus aujourd'hui pour ramasser un éventail, qu'on ne se morfond plus au bas d'un escalier spacieux de peur d'y passer deux de front, & qu'on se sert moins de tous ces grands mots imaginés pour parler sans rien dire. Mais les jolies Femmes n'auront jamais à se plaindre ; la galanterie Françoise leur rendra toujours assez d'hommages. Quant aux autres, si elles ne suppléent pas la beauté par l'esprit ou la vertu, nous ne voyons pas trop pourquoi on leur devroit tant d'égards.

Les Jeunes-Gens redoutent aujourd'hui le mariage plus que jamais ; le titre de mari les effraie, & ce n'est pas sans raison. Le luxe est monté à un tel point, qu'il faut qu'une Femme soit bien modérée pour ne pas ruiner en quatre ans son époux & sa famille. Au goût de la parure s'est joint celui du jeu, qui ne connoît aucunes bornes; & nous voyons de jeunes & jolies Femmes passer des nuits entières autour d'une table ronde, & perdre en une séance ce qui feroit la fortune de dix ménages.

Cessons donc de nous étonner de l'éloignement des Jeunes-Gens pour ce que l'on est convenu d'appeler aujourd'hui *la Bonne Compagnie*. Pour peu qu'ils aient d'esprit & de pénétration, il n'est pas étonnant qu'ils s'y déplaisent. Aux discours les plus frivoles se joint le sérieux de l'étiquette (qui, dans les grands cercles, conserve encore son empire), l'ennui du jeu, la pédanterie des Prudes, les sermons des Vieilles & les grimaces des Coquettes; en voilà plus qu'il ne faut pour faire déserter à un galant homme la *Bonne Compagnie* pendant six mois.

Tant que les âges seront confondus dans le grand Monde, & que les états ne le seront pas davantage, cet ennui nous semble difficile à déraciner. Comment veut-on que la pétulance du jeune âge s'accorde avec les glaces de la vieillesse ou le sang froid de la maturité. Il faut nécessairement admettre la contrainte, & dès-lors plus de gaieté. Le Jeu, cette occupation frivole inventée pour tromper le temps, rapprocher les distances, & ôter aux gens d'esprit tous leurs avantages sur les sots; le jeu n'est plus qu'un commerce d'argent, qu'une étude pénible qui ne remplit aucun des objets qu'il devroit avoir. Il est difficile aussi que des gens désœuvrés puissent jamais s'amuser, & le Plaisir ne doit être que la récompense du travail.

On remarque que les Jeunes-Gens, dans l'époque la plus brillante & la plus fortunée de la vie, sont rarement gais. Soit qu'incertains de l'emploi de leurs momens, ils poursuivent sans cesse un Plaisir qu'ils ne peuvent jamais atteindre; soit que, victimes de leurs excès, leur santé se ressente bientôt de leur intempérance, il est sûr qu'ils n'ont point cette fraîcheur ni cet air de contentement qui devroit être le plus bel attribut de leur âge . . . . On peut dire cependant que du côté des passions, ils sont assez calmes : ils n'ont guères à Paris que des *Fantaisies*. Comme ils ne trouvent presque jamais d'obstacles, leurs goûts bientôt satisfaits s'épuisent; ils sont blasés sur tout de bonne heure, & il est rare qu'à trente ans un Homme ait aujourd'hui des désirs, ou qu'il ait conservé les moyens de les satisfaire.

Un Jeune-Homme se seroit cru autrefois déshonoré, s'il n'avoit point eu de Créanciers. Peu scrupuleux sur cet article, l'existence de l'Artisan lui devenoit indifférente, pourvu que son caprice fût satisfait. Il falloit tout braver pour solder une dette de jeu, & l'Ouvrier languissoit dans l'attente, sans pouvoir espérer de long-temps son salaire. Si cet abus horrible n'a pas cessé tout-à-fait, on peut dire qu'il est au moins diminué. Les Marchands ont enfin senti le danger de ces crédits inconsidérés qui hâtoient leur ruine, & ils n'en font plus aujourd'hui qu'à ceux qui sont en état d'y satisfaire. Les Marchandes de Modes seules ont continué cet ancien usage; mais elles vendent leurs chiffons à un tel prix, que l'intérêt de leurs fonds pendant quinze ans n'en absorbe pas la valeur.

Les Gens du Monde vont au Spectacle par ton; les Jeunes-Gens y vont par goût, au moins dans leur premier âge. Celui qu'ils préfèrent est le Théâtre de la Nation; ils y trouvent le double avantage de s'amuſer & de s'inſtruire. Nous voudrions qu'ils bornaſſent là leurs prétentions, & qu'ils s'abſtinſſent de juger. Il n'eſt que trop ordinaire de les voir, ſans aucunes connoiſſances dramatiques, donner leur opinion particulière pour une loi générale; fronder indiſcrètement, louer de même, & dévoiler leur ineptie par une trop grande envie de paroître. Qu'ils ſe ſouviennent que l'Art du Théâtre, s'il eſt le plus beau, eſt auſſi le plus difficile; qu'il demande, pour être apprécié dans toutes ſes parties, une expérience qu'ils ne peuvent avoir, & une application dont ils ſont incapables; que la plus mauvaiſe Tragédie exige un aſſemblage de qualités qu'ils ſont fort éloignés de poſſéder; & qu'ils ſe bornent, au moins, à n'être que l'écho des Gens-de-Lettres, s'ils veulent ceſſer de paroître ridicules.

JALOUX de maſquer leur incapacité ſous des dehors qui puiſſent en impoſer, les Jeunes-Gens ont imaginé de joindre à leur ton d'aſſurance la culture de quelques genres d'eſprit, qui ne demandent ni efforts ni étude. Celui des *Calembourgs* leur a parû le plus facile; ils l'ont adopté avec empreſſement. On en a vu, nés avec de l'esprit & des moyens de se distinguer, sacrifier leur talent à ce misérable genre, s'en faire une occupation sérieuse; & non contens des suffrages de leurs Coteries, prétendre encore à ceux du Public, & les briguer par la voie de l'impression. Rien n'est cependant si facile que cet Art puérile, qui consiste à offrir sans cesse des mots à double entente, & à les décomposer pour leur faire former un sens. Ces équivoques perpétuelles, ces misérables rébus ont remplacé les saillies, les Couplets & les Épigrammes; il est vrai qu'ils sont à la portée de bien plus d'esprits, & qu'ils n'attaquent aucuns ridicules, deux grands motifs pour avoir fait fortune auprès des sots.

L'HABITUDE de vivre entre eux ou dans des maisons suspectes a fait perdre aux Jeunes-Gens ce ton de décence, aussi éloigné de la contrainte que de la trop grande liberté, & presque toujours une preuve qu'on n'est déplacé nulle part. Accoutumés à se permettre tout, ils sont nécessairement gênés lorsque la présence de quelques Femmes honnêtes leur en impose, & ils décèlent leur contrainte par leur ennui. Il est certain qu'en perdant de leur liberté, ils perdent de leur aifance, par conféquent de leurs graces & de leurs moyens de plaire : auffi font-ils ce qu'ils peuvent pour s'éloigner du grand Monde, & ils n'auroient peut-être pas tant de tort, fi ce n'étoit pour vivre dans des Sociétés également funeftes à leurs mœurs & à leur confervation.

Au milieu de la corruption générale, il eft doux de trouver quelqu'exception honorable à l'Humanité. Avec quel attendriffement nous aimons à nous rappeller ce jeune Guerrier, brûlant de s'illuftrer à la fleur de fon âge! Ni les douceurs d'une vie tranquille, ni les chaînes d'un nouvel Hyménée, rien ne l'arrête. Il brûle de fe faire un nom, lorfque les autres penfent à peine à fe choifir un état; & l'amour de la gloire lui fait braver tous les dangers & oublier tous les plaifirs. Ni les rigueurs d'une faifon cruelle, ni les hazards d'une navigation incertaine & pénible, rien ne peut modérer fon ardeur. Il va fervir la caufe de la LIBERTÉ, & joindre fon nom glorieux à ceux de fes plus courageux défenfeurs. Cette foif de réputation feroit bien moins eftimable fans doute, fi elle n'eût été foutenue de toutes les qualités capables de lui prêter de l'appui & d'en relever l'éclat,

Mais loin de n'être qu'une effervefcence paffagère, cette première démarche fut dirigée par une prudence, rare dans une auffi grande jeuneffe; & ce Héros a déployé à vingt-quatre ans une prudence confommée & un affemblage de connoiffances capables d'honorer tous les âges. Un fuccès heureux eft venu couronner cette entreprife éclatante : mille Jeunes-Gens fe font empreffés de fuivre un exemple auffi beau; mais fans avoir pu faire oublier celui qui le leur avoit donné.

Nous nous félicitons d'avoir pu, dans un Ouvrage entrepris pour la gloire des Mœurs, confacrer quelques lignes au jeune Guerrier qui les a fi dignement honorées ! Nous le prions de recevoir ce foible hommage comme un gage affuré de notre fatisfaction perfonnelle, & du plaifir que nous avons de voir que, dans ce Siècle, les femences de vertu, d'honneur & de courage, ne font pas éteintes dans tous les cœurs.

DU MARIAGE.

Si le Mariage n'étoit pas d'institution divine, ce seroit sans doute la plus respectable des associations humaines. Quoi de plus intéressant que de voir deux êtres faits l'un pour l'autre, céder à la voix de la Nature, suivre le penchant qui les entraîne, &, par un échange réciproque de leurs sensations, confondre leur existence pour en multiplier la durée ! Jaloux de soulager l'un dans l'autre les malheurs de la vie, ils se font un devoir d'en partager les peines, afin d'en ressentir doublement les plaisirs. La source de leur bonheur est une confiance sans bornes, un épanchement mutuel, un attachement à toute épreuve. Lorsqu'une première ardeur commence à se ralentir, de nouveaux gages de leur félicité viennent en resserrer les nœuds ; ils s'applaudissent de leurs sentimens dans les Êtres même qui en sont le produit ; & le soin de pourvoir à la conservation de ces intéressantes créatures les rapproche plus intimement encore, & confond deux volontés en une sensation.

Rien n'est sans doute plus touchant qu'un tel

sur le Plaisir.

tel spectacle. Mais, hélas ! pourquoi faut-il que les modèles en soient si rares ? pourquoi sommes-nous forcés de chercher dans l'imagination, les traits d'un Tableau que devroit sans cesse offrir la Nature ; & pourquoi une illusion si chère ne se transforme-t-elle presque jamais en réalité ?

Il n'est pas besoin de parcourir les différentes époques de l'existence de l'Homme, pour trouver la solution de ce problême. Plus il s'est éloigné de la Nature, plus il s'est écarté du Bonheur ; &, par une gradation affligeante, il a toujours été plus malheureux en devenant plus éclairé. Seroit-il donc vrai que les acquisitions de l'Esprit se fissent toujours aux dépens du Bonheur, & la mesure de nos connoissances seroit-elle aussi celle de notre corruption ?

Malgré le sentiment de l'éloquent Citoyen de Genève, nous n'osons prendre sur nous de juger cette question ; & nous bornant à déplorer l'usage que les Hommes ont toujours fait de leurs lumières, nous remarquerons que les siècles d'ignorance & de barbarie n'ont pas été plus que le nôtre, exempts des forfaits qui souillent les Annales de l'Humanité.

PAR une suite de cette corruption générale,

D

dont les progrès ont été rapides (ceux du mal le font toujours), le Mariage est étrangement dégénéré de sa première institution. La multitude de Célibataires qu'il y avoit à Rome, malgré la vigilance des Loix qui tendoient à en diminuer le nombre, prouve que les Maris n'y jouissoient pas d'un sort plus heureux qu'aujourd'hui, & que chacun redoutoit un engagement dont les suites sont vraiment effrayantes : ils avoient cependant la ressource du Divorce que nous n'avons pas, & tout contribuoit à leur rendre ce fardeau plus léger.

A Paris, le Mariage n'est plus qu'un contrat d'échange, un marché réciproque dans lequel chacun cherche son avantage. La Beauté, la Vertu, rien n'y fait ; & une Fille le restera long-temps, si une grande quantité d'or ne vient à l'appui de ces avantages ou ne les supplée. Tant que le funeste abus des Dots subsistera, il est difficile que les choses se passent autrement ; & puisque l'argent seul tient lieu de tout, il n'est pas étonnant que nos Jeunes Personnes négligent d'acquérir les qualités qui pourroient le remplacer.

Les Mariages d'inclination sont aujourd'hui fort rares : ils jettent une sorte de ridicule sur ceux qui les contractent, & nuisent souvent à leur avancement. Il est de l'intérêt des Femmes de les proscrire. Elles verroient avec chagrin une rivale devoir à sa beauté ce qu'elles ne doivent qu'à leur or. Mais on observe aussi (& cette remarque n'est que trop vraie) que ces sortes de Mariages sont rarement heureux. « La Passion, a dit M. *Diderot*, voit » tout éternel ; mais la Nature-Humaine » veut que tout finisse ». Le sentiment s'épuise, le voile tombe : on apperçoit des suites qu'on n'avoit pas prévues ; & à l'Amour le plus tendre succède la froideur, & souvent le mépris. Il faut que dans cette occurrence une Femme ait infiniment d'esprit & de douceur pour ramener son Epoux ; mais ordinairement l'aigreur s'en mêle : autant l'attachement de son Mari l'a flattée, autant elle est sensible à son indifférence ; elle achève, par sa conduite, de détruire dans son cœur le peu de tendresse qu'avec plus d'art elle auroit pu faire renaître.

Il répugne cependant moins à la Nature que ce soit l'Homme qui élève sa Femme jusqu'à lui, que de voir cette dernière assurer un rang à son Epoux. Dans le premier cas, l'Homme garde la dignité de son être ; & l'on fait qu'*il n'y a de Ménages heureux que ceux où le Mari commande*. C'est une vérité que nos Dames Parisiennes auront de la peine à se persuader ; mais elle est appuyée sur tant d'exemples, qu'il seroit inutile de la vouloir révoquer en doute. L'un des plus grands Peintres du siècle, M. *Rétif de la Bretonne*, n'a cessé de la répéter & de la prouver par des faits. Nous renvoyons les Incrédules à ses Ouvrages, & sur-tout à ses *Contemporaines*, qui semblent avoir plus particuliérement ce but : ils y trouveront une foule de préceptes heureux pour vivre tranquillement en ménage ; & tout n'en iroit que mieux si les Femmes, connoissant mieux leurs véritables intérêts, pouvoient se pénétrer des Œuvres de cet Auteur.

Despréaux, à l'exemple de Juvénal, a passé en revue les différens caractères des Femmes. Il nous a montré successivement dans sa X^e. Satyre la Coquette, la Joueuse, l'Avare, la Bizarre, la Savante, la Précieuse, la Bourgeoise de qualité, la fausse Dévote, la Pédante & la Plaideuse. C'est une galerie de Portraits d'autant plus propres à dégoûter du Mariage, qu'ils joignent la vérité au mérite de la versification.

S'il falloit absolument choisir une Femme dans toutes celles-ci, l'embarras ne seroit pas petit. Une Coquette déshonore son Mari; une Joueuse le ruine; une Savante l'ennuie; une Précieuse le désespère; une Dévote le fait enrager: en vérité, il y a bien là de quoi déterminer le plus intrépide Épouseur au Célibat.

On prétend que la Comédie des *Femmes Savantes* n'auroit plus aujourd'hui le même sel que du temps de Molière; ce ne seroit cependant pas faute d'originaux. Nous voyons jusqu'à des Marchandes s'ériger en Beaux-Esprits, quitter leur comptoir, abandonner leur commerce & leur ménage pour tenir des Assemblées hebdomadaires, où rien n'est autant ridicule que la Présidente, si ce n'est les sots qui l'entretiennent dans cette inconcevable manie. Il est inouï que des Gens-de-Lettres daignent se prêter à un manège aussi méprisable, & il n'y a que l'extrême besoin qui puisse faire excuser une telle conduite. Le bel-esprit est cependant l'excès le moins dangereux dans lequel puissent donner les Femmes; il ne sert qu'à les rendre ridicules.

On se marie à Paris pour avoir des enfans,

& il n'est aucun Pays où l'on en connoisse moins le bonheur. Les noms, les doux noms de Père & d'Epoux, y sont inconnus : un fils appelle son Père *Monsieur*, & le Mari son Epouse, *Madame*. Chacun vit de son côté, a sa société, & quelquefois sa maison. Les séparations volontaires sont fort communes; & l'on trouve plus facile de renoncer à se voir, que de se contraindre un peu pour bien vivre ensemble.

Le bonheur d'un Mari dépend du ton qu'il prend avec sa Femme dans les premiers mois de son mariage. S'il montre de la fermeté, son Epouse sera docile, & lui saura gré par la suite de ses moindres complaisances : mais s'il se laisse dominer d'abord, il ne pourra jamais reprendre l'autorité qu'il aura laissé perdre ; & contraint de vivre dans la dépendance, & de laisser avilir sa qualité d'Homme, il traînera des jours malheureux ; mais il ne devra accuser que lui-même de son sort.

Rien de si rare à Paris que la Jalousie. C'est une passion trop incommode dans la Société, pour qu'on ne cherche pas à l'en bannir. Au bout de six mois de mariage, on ne permet plus à un Homme de veiller sur sa Femme, sous peine du ridicule le plus ineffaçable. Un Jaloux est un monstre; on le fuit, on le repousse; il est regardé comme un Perturbateur du bien public & des plaisirs de la Société.

Rien de plus aussi ordinaire qu'un Mari commode. Combien vivent de leur complaisance, & jouissent d'un bien-être dont ils dédaignent de connoître la source ! combien s'éclipsent adroitement lorsqu'on vient visiter Madame ! combien enfin se font une habitude de leur ignominie, & sont tout prêts d'en tirer vanité !

Un préjugé antique entache l'Homme dont la Femme est infidelle ; & ce préjugé n'a pas été établi sans cause. On a pensé que la crainte du ridicule rendroit les Maris plus surveillans; mais on n'a pas songé que le desir de la vengeance, joint à l'attrait de la volupté, rendroit les Femmes plus incontinentes. Qu'est-il arrivé ? on s'est ennuyé d'être jaloux; on s'est accoutumé à être trompé : les Maris eux-mêmes en plaisantent, & la Société n'est plus qu'un échange d'infidélités réciproques.

Il se trouve cependant encore quelquefois des Êtres récalcitrans, qui tiennent aux anciennes opinions , & ne veulent pas se laisser jouer sans mot dire. On plaide en séparation :

mais qu'arrive-t-il ? Le Public prend toujours le parti de la Femme; l'Avocat le plus éloquent plaide pour elle : toutes les jolies Solliciteuses font en campagne; & comme les preuves d'infidélité font fort difficiles à acquérir, l'Epoux en est souvent pour ses frais, & pour la honte d'avoir rendu son déshonneur public. S'il gagne, c'est à-peu-près la même chose : c'est un Monstre à fuir; toutes les Femmes prennent parti contre lui; il n'ose plus se montrer; il pleure son triomphe, & regrette son premier état. C'est ainsi que la corruption fait éluder les Loix, & que les mœurs de la Société sont sans cesse en contradiction avec ses usages.

Pour comble de malheur, ce n'est presque jamais l'Homme qui contracte, qui choisit. Il ne devra connoître l'Epouse qu'on lui destine, que lorsqu'il ne pourra plus la refuser : & c'est souvent après la signature du contrat que se fait l'entrevue. Père injuste & barbare ! ne connoîtrez-vous jamais les bornes de votre autorité ? Vous avez eu autrefois un cœur, & si vous n'en avez pas fait usage, est-ce donc ma faute ? Dois-je porter la peine de la tyrannie de mon Aïeul; & parce que vous avez été contraint, faut-il que je le sois à mon tour ?

Voilà ce qu'un Jeune-Homme impétueux, dont on contrarie les inclinations, pourroit adresser à l'Auteur de ses jours. Mais peut-être ce reproche n'est-il qu'un sophisme, & si l'autorité paternelle doit s'arrêter lorsqu'il s'agit de forcer l'inclination, convenons aussi que l'Amour est un mauvais guide, qu'il nous aveugle au lieu de nous éclairer, & que l'œil de l'expérience voit toujours mieux que celui de la passion.

Si des motifs humains ne guidoient pas si souvent la volonté des Pères, ce ne seroit donc pas un très-grand mal de leur laisser le choix. L'Estime est plus nécessaire en ménage que l'Amour; & lorsque celui-ci dégénère en indifférence, l'Estime au contraire se change en une Amitié tendre, ordinairement plus solide & plus capable de rendre heureux, qu'une effervescence passagère. Mais les Parens ne voient dans l'établissement de leurs Enfans qu'un moyen de satisfaire leur propre ambition. Peu jaloux de leur bonheur, ils ne pensent guères qu'à leur fortune, & le plus ou le moins d'étendue de la *dot* est toujours ce qui les décide. Funeste conséquence des mœurs d'un siècle, où l'or tient lieu de tout! on sait qu'il est le plus dangereux des Corrupteurs, & l'on ne se corrigera jamais de la soif d'en amasser.

S'il falloit attendre pour se marier que les Mœurs devinssent meilleures, les Femmes plus sages & le Luxe moins dévorant, on courroit grand risque de mourir Célibataire. Mais entre tous les excès il est un milieu, & le Sage fuit toujours les extrêmes. Les unions heureuses sont rares, il est vrai; mais il en existe encore quelques-unes, même dans la Capitale. Si les grandes Villes sont le centre des vices, elles sont aussi, par une conséquence nécessaire, la demeure des Vertus, & nous y connoissons plus d'un Ménage fortuné. Mais qu'on prenne garde que c'est dans l'état mitoyen qu'ils se rencontrent. Si la bassesse avilit l'ame, la grandeur corrompt les mœurs; & ce n'est presque jamais que dans la Bourgeoisie, & sur-tout dans le Commerce, qu'on trouve l'exemple des vertus domestiques. Il nous seroit facile de faire connoître plusieurs excellentes Mères de famille, qui remplissent avec joie leurs devoirs d'Epouses chastes & de Filles reconnoissantes: mais ce seroit donner atteinte à leur bonheur que de le publier. Combien de Gens, las de victoires faciles, se feroient un point d'honneur de troubler cette heureuse tranquillité! Couvrons donc d'un voile impénétrable ces Femmes estimables, & rappellons-nous que la première vertu de leur Sexe est l'obscurité.

O vous, destinés à remplir un jour la carrière du Mariage, souvenez-vous que le bonheur dépend des premiers pas qu'on y fait ! Votre destinée est en vos mains ; si elle n'est pas heureuse, n'en accusez que votre foiblesse & votre pusillanimité.

DU CÉLIBAT.

LE Célibat est de toute antiquité; il a commencé avec le Monde, & il ne finira qu'après lui. Mais en est il pour cela plus respectable ? c'est ce que nous allons nous permettre d'examiner.

L'intérêt général de la Société est, sans doute, que chacun de ses Individus travaille à augmenter le nombre des Membres qui la composent. D'après ce principe, le Célibat a dû nécessairement être proscrit par les Loix, & plus sévèrement encore dans le premier Age, où la terre avoit besoin d'Habitans. Cependant, par une inconséquence assez singulière, tous les Peuples qui notoient d'infamie, ou du moins de flétrissure, les Célibataires, ne permettoient qu'à ces mêmes Hommes d'approcher les Autels de leurs Dieux. Moïse faisoit aux Prêtres & aux Lévites un devoir de la continence, ou du moins de l'abstinence des Femmes pendant quelques jours, lorsque leur tour d'officier à l'Autel s'approcheroit. Chez les Egyptiens, les Prêtres d'Isis; chez les Athéniens, les Hyérophantes; les Vestales, à Rome; & en général tous ceux confacrés au fervice des Dieux & des Déeffes, étoient obligés de faire profeffion de Chafteté : ces fortes de vœux étoient-ils fcrupuleufement gardés? Nous ne le croyons pas; & fans doute toutes les Vierges qui y ont manqué à leurs engagemens n'ont pas été brûlées vives : mais enfin la Loi exiftoit, & nous voyons qu'elle fubfifte encore parmi nous.

Les Prêtres de l'Eglife Romaine ont eu jufqu'au dixième fiècle la permiffion d'être mariés, c'eft-à-dire, que l'on ne faifoit pas difficulté d'ordonner ceux qui l'étoient; mais, une fois dans les Ordres, s'ils devenoient veufs, ils ne pouvoient convoler à de fecondes noces. Il eft certain que, même aujourd'hui, il ne fubfifte point de loi dans l'Eglife Latine, qui défende d'ordonner des perfonnes mariées; & lorfqu'au Concile de Trente on agita la queftion de rendre aux Prêtres la liberté que l'oubli de l'ancien ufage leur avoit fait perdre, ce furent les plus jeunes qui s'y oppofèrent.

Nous n'entreprendrons point de renouveller ici la propofition tant de fois mife fur le tapis, s'il feroit utile à l'Eglife d'abroger le Célibat des Prêtres. La Société y gagneroit peut-être, & nous ne voyons pas que dans les Pays Proteftans, où l'on fait qu'ils se marient, il en résulte de grands abus. L'hérédité des Bénéfices seroit sans doute un des inconvéniens de cette liberté; & il paroît que l'Eglise regarde le Célibat comme un état plus parfait que le Mariage. Convenons au moins qu'il donne plus de temps pour vaquer aux exercices spirituels, & que ne concentrant pas l'affection sur un Être particulier, il permet de l'étendre sur tous ceux dont on est chargé de diriger la conduite. Ceux de nos Lecteurs qui seroient tentés d'approfondir cette matière, peuvent recourir aux différens Ouvrages politiques de l'Abbé de Saint-Pierre, où cette question intéressante est traitée dans un grand détail.

Le Célibat est sans doute nuisible à la Société : » car, comme l'a remarqué M. de » Montesquieu, plus on diminue le nombre » des Mariages qui devroient se faire, plus on » nuit à ceux qui sont faits; & moins il y a » de gens mariés, moins il y a de fidélité » dans les mariages, comme lorsqu'il y a plus » de Voleurs, il y a plus de vols «. Pour renoncer au Mariage, on ne renonce pas aux Femmes; & alors il faut vivre sur le bien du Prochain, & entretenir le scandale de la Société.

Si les Célibataires ne se bornoient encore qu'à la séduction, le mal, quoique très-grand, auroit des suites moins funestes. A Paris surtout, où l'habitude du désordre fait perdre aux vices de leur difformité, & où l'on ne se plaint presque jamais pour n'avoir pas toujours à se plaindre, on y prendroit peu garde. Mais combien de gens désoeuvrés, à l'aide d'un habit noir & d'un petit collet, s'introduisent dans les familles, moins encore pour séduire que pour diviser; se plaisent à armer une mère contre son fils, à souffler le feu de la discorde dans une famille, afin de régner ensuite tranquillement eux-mêmes ! heureux encore s'ils ne chassent pas entièrement l'Epoux de la maison. Tout fait à celui-ci un devoir du silence; il est obligé d'endurer des mortifications pénibles, d'être en quelque sorte le témoin impassible de son déshonneur ; & s'il s'avisoit de faire éclater son juste mécontentement, la moitié du monde seroit contre lui, & l'autre ne prendroit pas part à sa querelle.

PARMI la foule des Célibataires qui vivent à Paris, on en distingue d'une classe particulière, & qui font un ordre à part ; ce sont les *Abbés*. Ces gens ne tiennent absolument en rien à l'Eglise, mais cet habit est pour eux le plus utile de tous les passe-ports.

Avec un peu d'esprit, beaucoup d'impudence & quelque figure, ils sont surs de faire rapidement leur chemin. Ils s'attachent d'abord à quelques Maisons riches, sur lesquelles ils ont jetté leur dévolu. Ils s'y introduisent à force de soumissions, s'y soutiennent à force de bassesses, & parviennent, lorsqu'ils ont acquis la confiance de la Maîtresse, à se faire craindre des Valets, redouter des Connoissances, & à éloigner tous ceux qu'ils pourroient redouter eux-mêmes. Ce sont, en quelque sorte, des Dominateurs impérieux, dont il est difficile de secouer les fers. On n'ose rien entreprendre sans leur avis; ils sont consultés sur tout. Le sort des Enfans, celui des Domestiques, l'emploi des revenus, le choix de la société, tout dépend de ces Êtres incompréhensibles; & ils finissent souvent par hériter de leurs Patrons, au préjudice des Parens les plus proches qu'ils ont su adroitement éloigner : car c'est ordinairement chez les vieilles Filles ou chez les Veuves qu'ils s'impatronisent de préférence.

Cet ordre de gens inutiles est multiplié à un tel point, qu'il n'est pas de Maison un peu fortunée *sur le Plaisir.* 65

fortunée à Paris, qui n'ait le sien, & il suffit de demander au Suisse des nouvelles de l'*Abbé*, pour en être compris.

On compte en cette Capitale cent mille Célibataires, ce qui fait environ un septième de sa population. Qu'on juge, par ce nombre effrayant, combien les Mariages y sont difficiles, & combien l'amour de la liberté entraîne d'Individus. Le point étonnant où le luxe est poussé aujourd'hui en est la principale cause. Un Garçon, sans être riche, est à son aise avec mille écus de rente; il est ruiné, s'il se marie, avec deux mille. Une Bourgeoise veut être mise comme une Financière, celle-ci comme une Duchesse : il n'y a d'autres bornes à cette fatale émulation que les facultés du Mari, dont le revenu se dissipe en gazes & en rubans. Quoique la Mode soit plus simple qu'autrefois, elle est cependant plus dispendieuse ; on est mis moins magnifiquement, & il en coûte plus cher. C'est encore un des secrets dus à la Philosophie du siècle, de dépenser beaucoup pour paroître peu.

Il est telle Femme dans Paris dont le mémoire de la Marchande de Modes se monte à quatre-vingts mille livres par année : elle dissipe

E

en pompons son douaire, la garde-noble de sa Fille, & peut-être aussi sa dot.

D'après ce Tableau effrayant, quel est l'Homme qui ne redoutera pas de s'engager dans les liens du Mariage? Plus sa Femme lui apportera d'argent, plus elle croira avoir acquis le droit d'en dépenser. Il faut faire face à tout: les dettes s'accumulent; on emprunte de tous côtés: mais la confiance s'altère; les Créanciers s'unissent, & ce n'est que par une ruine désastreuse qu'on voit terminer toute cette magnificence.

Le Célibat, dont les progrès ont toujours suivi ceux du Luxe, s'est étendu sur toutes les classes de la Société. Le Pauvre, qui redoute la Misère & ses suites cruelles; qui craint jusqu'au doux nom de Père, qu'il ne pourra donner qu'à des Êtres souffrans, le Pauvre attend jusqu'à cinquante ans pour se marier. Il choisit alors une Femme de son âge, unit sa petite fortune à la sienne, & content de passer ses vieux jours dans la tranquillité, il n'appréhende plus ce qui, dans d'autres circonstances, eût fait son bonheur.

Si le Célibat est, comme nous n'en doutons pas, préjudiciable à la Société, il est certain que nous faisons tout ce qu'il faut pour l'entretenir; les Femmes par leur conduite, & le Monde par le peu de respect qu'il porte aux Pères de Familles. Dans les premiers âges de la Nature, une nombreuse population étoit un titre au respect de ses Concitoyens; aujourd'hui c'en est presque un à leur indifférence. On semble craindre la liaison d'un tel Homme, parce qu'on sent qu'il aura peut-être besoin de nos services, & qu'on ne redoute rien tant à Paris que d'obliger.

Il existoit, comme nous l'avons dit, chez les Anciens, des Loix contre les Célibataires : celles de Lycurgue les notoient d'infamie. A Rome, ils étoient exclus des Charges publiques; ils ne pouvoient tester en Justice; & la première question que l'on faisoit à un Homme appellé en témoignage étoit celle-ci : *Ex animi tui sententiâ, tu equum habes, tu uxorem habes?* De nos jours, au contraire, nous les voyons accueillis par-tout, fêtés, recherchés : & le moyen, lorsqu'un vice commode est en honneur, qu'il ne se propage pas rapidement!

La Prostitution est encore une suite nécessaire du Célibat. Il existe, dit-on, à Paris, quarante mille Femmes vouées aux Plaifirs publics; & le nombre en feroit beaucoup moindre fi le Mariage étoit plus refpecté, & fi les Femmes, entendant mieux leurs intérêts, favoient rendre à leurs Epoux leur intérieur agréable.

Il eft des abus que rien ne peut déraciner; & le Ridicule, qui quelquefois a corrigé des Défauts, eft toujours demeuré impuiffant contre les Vices. Molière a corrigé les Précieufes, les Femmes favantes, les Mifanthropes; mais il n'a pu rien gagner fur les Avares. Regnard & M. Saurin ont tracé du Jeu des Tableaux effrayans; & c'eft au fortir du *Joueur* & de *Beverley* qu'on va perdre quinze mille louis autour d'une table ronde. L'expérience feule, ou plutôt le défaut d'aliment, amortit les paffions des Hommes. C'eft ainfi qu'un Joueur ne ceffe de l'être que quand il eft ruiné; un Libertin, lorfque l'impuiffance ne lui permet plus de fe livrer à fes turpitudes, &c.

Le goût du Célibat femble fuivre une marche abfolument contraire; il diminue avec l'âge. On fent, aux approches de la vieilleffe, le befoin de la Société. On craint de fe voir livré à la cupidité de fes Domeftiques, à l'avide impatience de fes Héritiers; on a befoin d'être père, & il eft de fait que, depuis cinquante jusqu'à soixante-dix ans, il se fait plus de Mariages que de trente à quarante. Quoique le principal but de cette union soit alors manqué, on ne sauroit cependant les blâmer. Il est doux de prendre une Compagne, dont les soins seront toujours plus tendres que ceux des Mercenaires: mais il faut du rapport dans l'âge & dans l'humeur; & ces sortes d'associations ne peuvent être tolérées, que lorsque ces deux considérations s'y rencontrent.

En effet, quoi de plus ridicule, de plus odieux même, de voir une Jeune Personne de dix-huit ans devenir la proie d'un Vieillard de soixante? Un tel assemblage répugne à la Nature; il est contraire aux Loix de la Société, & tout s'accorde pour le faire proscrire. Ces sortes d'unions ne sont cependant pas rares: il n'est que trop fréquent de voir des Parens livrer ainsi leurs Filles, & devenir eux-mêmes les auteurs de leur perte & de leur déshonneur; car tout Vieillard s'expose à être trompé & à n'être pas plaint: chacun, au contraire, voudroit être de moitié dans les infidélités qu'on lui fait, sur-tout si sa Femme est jolie; & si quelque chose pouvoit excuser l'inconduite d'une Epouse, ce seroit l'âge avancé de son Mari. Mais il semble qu'on devienne plus exigeant à mesure qu'on perd les moyens de plaire, & la Jalousie est la seule passion qui tourmente encore les Vieillards.

Un Poëte estimable, & qui méritoit sans doute une destinée plus longue & plus heureuse, M. *Dorat*, a essayé de porter sur la Scène le caractère du Célibataire ; mais il a manqué son sujet, en faisant de son Héros le plus inconséquent des Hommes. Il nous le fait voir amoureux, & finit par le faire marier. Il se rend sans être convaincu, & se prépare par conséquent un triste avenir, puisque sa vie future est absolument opposée à ses principes (1). M. Dorat, qui sentoit très-bien ce défaut (nécessaire à la publicité de sa Pièce), avoit reporté sur un personnage du second plan le véritable Célibataire. C'est un Vieillard désœuvré, qui s'ennuie de ne tenir à rien, & qui se trouve bien sot d'avoir été trop sage. L'Auteur prétend cependant, dans sa Préface, que ce rôle n'est point le véritable Célibataire, & qu'il ne pouvoit produire aucun intérêt. Nous convenons effectivement qu'un tel Individu

---

(1) Le sentiment m'éclaire & *seul* m'a corrigé. *Acte V*.

n'eſt guère fait pour intéreſſer : mais c'eſt à coup sûr le vrai modèle du caractère qu'il avoit à peindre. Nous en voyons un exemple dans une Comédie charmante qu'on joue ſouvent ſur notre Théâtre, & dont le véritable titre devroit être : *Le Célibataire ou les Inconvéniens du Célibat.* Cette Pièce eſt *le Légataire univerſel* de Regnard. Qu'on y réfléchiſſe, & l'on verra que pour n'avoir encore été faite par perſonne, notre obſervation n'en eſt pas moins juſte (*).

Si la Comédie de M. Dorat pèche par l'enſemble, on ne peut refuſer aux détails de juſtes éloges. Il en eſt beaucoup de très-ſaillans ; & celui-ci, par exemple, renferme une peinture ſi énergique & ſi vraie des inconvéniens du Mariage, que nous ne pouvons nous refuſer au plaiſir de le tranſcrire ici. Il faut ſe rappeller que Montbriſſon défend la cauſe de l'Hymen.

Il produit peu de mal ; des biens il en fait mille.

TERVILLE.

C'en eſt trop ! regardez, c'eſt tout ce que je veux.
Sur la Société jettez enfin les yeux.
Conſidérez, Monſieur, les malheurs qu'il entraîne.
Combien d'infortunés ont pleuré ſur ſa chaîne !
Voyez de tous côtés les ſcandaleux éclats,
(Je ne dis rien des maux que l'on n'apperçoit pas).

_____

(*) Voyez le N°. XXVI du Journal des Théâtres, 1778.

Quels motifs parmi nous règlent les mariages ?
L'orgueil, l'intérêt vil, quelques vains avantages;
Et qu'attendre d'un cœur, s'engageant sans attrait,
Dans un âge, où promettre est .... au moins indiscret ?
Dans ces arrangemens si froids, si légitimes,
Nous sommes, tour-à-tour, oppresseurs & victimes.
De-là, tant de beautés que l'on voue aux douleurs,
Qui perdent leur jeunesse, & vont perdre leurs mœurs;
Les Enfans égarés par l'exemple des Pères,
Les regrets, le désordre & l'opprobre des Mères;
Les Maris bafoués, & même par des sots,
Des noms d'Epoux traînés dans tous les Tribunaux;
La Femme qu'on accable après l'avoir vendue,
Et que la Loi renferme après l'avoir perdue :
Celle qui, d'un Jaloux redoutant l'œil vengeur,
Craint jusqu'à sa pensée, & l'enferme en son cœur;
Celle enfin qui, suivant un charme involontaire,
Cherche confusément l'objet qui doit lui plaire.
Voyez quelle est la fin même des plus prudens,
Des séparations au bout de quarante ans,
Mille soucis secrets, d'éternelles alarmes,
Les affronts, le mépris, le malheur & les larmes.
Voilà pourtant, voilà l'effet le plus commun
D'un nœud souvent horrible, & toujours importun.

Si ce Tableau est effrayant, n'en accusons que nos Mœurs actuelles. M. Dorat les avoit bien étudiées, & il étoit tellement persuadé de la vérité de tout ce qu'il fait dire à Terville, qu'avec une ame ouverte, un cœur sensible, & toute la délicatesse de l'honnêteté, il a constamment fui le joug du Mariage, lui qui avoit bien de quoi sans doute rendre une Femme heureuse. Pour nous, qui avons joui quelques années de son amitié, & qui l'avons connu tard pour le regretter long-temps, nous nous félicitons de pouvoir donner ici quelques larmes à sa mémoire : heureux si les fleurs dont nous nous empresserons toujours de couvrir son tombeau, pouvoient adoucir les regrets des maux qui l'y ont conduit (*) !

Il nous reste à justifier une inconséquence apparente, que quelques personnes ne manqueront pas sans doute de trouver entre le titre de cet Ouvrage & la manière dont il est rempli. L'Auteur s'annonce, dira-t-on, pour un Célibataire ; & dans le cours de son Livre, il s'élève contre le Célibat. Oui, sans doute, le Célibat actuel nous paroît d'autant plus blâmable, qu'il est ordinairement le fruit du Libertinage plutôt que de la Philosophie. On craint moins de se lier qu'on cherche à ne pas l'être ;

(*) L'Auteur de cet Ouvrage prépare un Eloge historique de M. Dorat, qui paroîtra en 1784. On sait qu'il s'occupe aussi de l'Eloge de feu M. Fréron, dans lequel il espere présenter un tableau intéressant de notre Littérature, depuis 1744, jusqu'en 1777. Ces deux Opuscules ont été annoncés en 1780, dans la Préface du Fakir.

& l'attrait de l'Inconstance, la vue des Plaisirs faciles & l'Egoïsme, font plus de la moitié des Célibataires. Nous convenons qu'il y a du mérite aujourd'hui à porter les chaînes de l'Hymen : elles sont plus pesantes que jamais ; mais plus le dévouement est grand, plus la gloire l'est aussi. On n'est pas sur la Terre pour n'y trouver que des Plaisirs ; & puisque chacun doit payer sa dette à la Société, il est beau de se sacrifier pour elle, & d'immoler les Plaisirs de l'Homme volage aux devoirs du Citoyen. D'ailleurs, notre but n'a jamais été de prouver qu'il n'y eût plus aujourd'hui d'unions heureuses. Elles sont rares sans doute ; mais il en existe, & peut-être davantage qu'on ne croit. Nous avons tâché de faire entendre au contraire qu'il ne dépend que de l'Homme d'être heureux dans l'état du Mariage ; qu'il doit lui-même former le caractère de la Femme associée à son existence ; & si ce travail est plus difficile dans le grand Monde que dans un état mitoyen, il faut convenir aussi que, par une juste compensation, les chaînes y sont bien plus légères, & que les Affaires, les Plaisirs & le tourbillon continuel dans lequel on y vit, apportent aux maux une distraction qui ne permet presque pas d'y songer.

On doit toujours distinguer de la foule des

Célibataires entraînés dans cet état par le vice, ce petit nombre de gens vertueux que l'amour des Lettres, le goût de la retraite & l'étude de la Philosophie retiennent dans la solitude, éloignent du grand Monde, & rendent incapables des embarras du Ménage & des devoirs qu'exige l'état du Mariage. Ce n'est point par libertinage qu'ils y ont renoncé; leur conduite le prouve. Heureux par leur indépendance, vivant avec un petit nombre d'amis qui leur ressemblent, assez fortunés pour ne connoître les Passions que par l'étude philosophique qu'ils en ont faite, on ne peut, sans injustice, leur donner le nom de mauvais Citoyens. S'ils n'ont pas les liens puissans qui attachent les autres Hommes à la Société, ils ne sont cependant pas moins sensibles au malheur de leurs frères; & peut-être sont-ils, par amour de l'humanité, ce que les autres ne font que par besoin & par intérêt.

Tels sont les *Gens-de-Lettres*. Honnêtes, bienfaisans, simples, amis de la tranquillité & vertueux par choix, ils sont loin de haïr les Hommes, quoiqu'ils les connoissent : ils se contentent de les plaindre, de les soulager lorsqu'ils le peuvent, & de donner enfin l'exemple des vertus qu'ils préconisent. Les Gens du

Monde sont loin de reconnoître les obligations qu'ils leur ont; mais l'Ingratitude n'a jamais tari dans un cœur honnête la source de la Bienfaisance. Ils tâchent de se faire pardonner leurs lumières, & se consolent en pensant que de toutes les classes de la Société, la leur est, sans contredit, celle qui renferme le plus d'honnêtes gens. Qu'on prenne garde que nous ne parlons que des véritables Gens-de-Lettres, & que nous sommes loin de regarder comme tels tous ceux qui osent usurper ce titre respectable.

Voilà sans doute les véritables Célibataires qu'on doit estimer, & les seuls qui méritent une exception honorable. Comme le nombre en est petit, ils ne font aucun tort à la Société, & la servent au contraire plus qu'ils ne lui nuisent. C'est à ceux qui connoissent l'Auteur de cet Ouvrage, de juger s'il mérite d'être rangé dans cette classe: mais qu'on prenne garde qu'eux seuls en ont le droit, & que les autres ne peuvent, sans injustice, l'accuser d'une inconséquence dont il est loin peut-être de mériter le reproche.

La tâche que nous nous étions proposée est à-peu-près remplie. Notre but n'étoit pas de faire un Traité de Morale qui n'eût été lu de personne, mais de rassembler dans un court espace quelques réflexions qui pussent être à la portée de tout le Monde. Nous n'avons fait sans doute qu'une esquisse au lieu d'un Tableau : nous le savons ; mais nous avons voulu seulement pressentir le goût du Public, avant d'entreprendre un Ouvrage plus considérable & qui ne doit paroître que lorsque son succès sera en quelque sorte déterminé. Il reste dans notre Porte-feuille une foule d'Observations dont l'ensemble pourroit paroître assez piquant : c'est une galerie de Tableaux, où nous passerions en revue les différens états de la vie. Les Courtisans, les Comédiens, les Financiers, les Courtisannes, les Philosophes, les Petits-Maîtres, les Artistes, &c, y paroîtroient tour-à-tour ; & ces Réflexions ne seroient peut-être pas sans quelque sel (*). La peinture des

---

(*) Cet Ouvrage, intitulé : *Coup-d'œil philosophique sur quelques Individus de la Société*, paroîtra vers la fin de 1783, ou dans les premiers mois de 1784. L'accueil que l'on daignera faire à celui-ci nous servira de boussole pour faire paroître l'autre : mais nous prions d'avance ceux que ce titre pourroit alarmer, de croire que nous sommes loin d'annoncer un Libelle, & que nous n'avons jamais prétendu, dans tous nos Écrits, tracer que des peintures générales.

Mœurs de chaque siècle ne peut manquer d'intéresser ceux qui s'appliquent à l'étude du cœur de l'Homme; & plus cette étude devient difficile, plus on doit savoir quelque gré à ceux qui s'y consacrent. Nous sentons le besoin que nous avons de l'indulgence du Public, & combien nos titres pour la mériter sont bornés. Si cependant l'accueil qu'on a fait aux premiers fruits de nos veilles peut être le garant de celui dont on honorera cet Ouvrage, nos vœux seront remplis. Nous n'avons jamais écrit que pour mériter l'estime publique, persuadés que c'est le prix le plus flatteur qu'un Homme-de-Lettres puisse obtenir de ses travaux.

POST-SCRIPTUM.

Au moment où nous allons livrer cet Ouvrage à l'Imprimeur, les *Comédiens François* viennent de donner deux Pièces sur lesquelles nous croyons devoir nous arrêter un moment. Nous le ferons avec d'autant plus de satisfaction, que le desir de rendre justice aux Auteurs estimables a toujours été pour nous la plus douce des jouissances.

La première de ces Pièces est le *Vieux-Garçon*,

Comédie en cinq Actes, en vers, par M. Dubuisson. Le Public, qui est loin de reconnoître aujourd'hui les obligations qu'il a aux Auteurs comiques, & qui, par une sévérité peu éclairée & souvent injuste, voudroit les bannir tout-à-fait de la carrière; le Public, disons-nous, n'a pas fait, le premier jour, à cet Ouvrage, l'accueil qu'il nous a paru mériter. L'Auteur avoit des ennemis (quel est l'Homme d'esprit qui n'en a pas?), & nous pouvons assurer qu'ils ont fait leur devoir. Mais lorsque, plus tranquilles & dégagés d'impulsions étrangères, les Spectateurs ont vu pour la seconde fois cette Comédie, ils ont prouvé, par leurs applaudissemens unanimes & bien sentis, qu'ils se repentoient d'un Jugement précipité, & que ce second Arrêt, dicté par le goût & le sentiment, seroit le seul durable. Il est fâcheux que des circonstances étrangères à la Pièce soient venues l'arrêter au milieu d'un succès que chaque jour voyoit s'augmenter. On nous fait espérer de revoir bientôt cet Ouvrage, que les Comédiens conserveront sans doute sur leur répertoire, avec le *Jaloux sans amour* & le *Flatteur*. Mais quelle que soit sa destinée future, M. Dubuisson aura toujours la gloire d'avoir fait une Pièce très-morale, remplie de comique, conduite avec beaucoup d'art, & dont le style nerveux, élégant & ferme, n'est pas encore le plus grand mérite. On voit qu'il a étudié le caractère du Célibataire avec plus de profondeur & de philosophie que M. Dorat; & la manière dont il a tracé le rôle de Gercourt servira toujours d'exemple & de modèle à ceux qui voudront traiter encore ce sujet.

L'autre Ouvrage dont nous voulons parler est le *Roi Léar*, Tragédie de M. *Ducis*, représentée le 20 Janvier 1783.

C'est un Tableau effrayant & bien vrai des suites du Mariage. Un père qui s'est dépouillé pour des enfans qui paient ses bienfaits de la plus noire ingratitude, & qui ne doit un asyle qu'à son autre fille qu'il avoit lui-même traitée avec rigueur : tels sont les moyens simples avec lesquels l'Auteur d'*Œdipe chez Admette* & de *Roméo* a su nous intéresser, nous plaire & nous émouvoir. C'est ainsi que l'Homme de génie puise toujours ses plus beaux traits dans l'étude du cœur humain, &, que, dédaignant tous les ressorts exagérés de la Tragédie moderne, il est d'autant plus sublime, qu'il se rapproche de la Nature.

FIN.

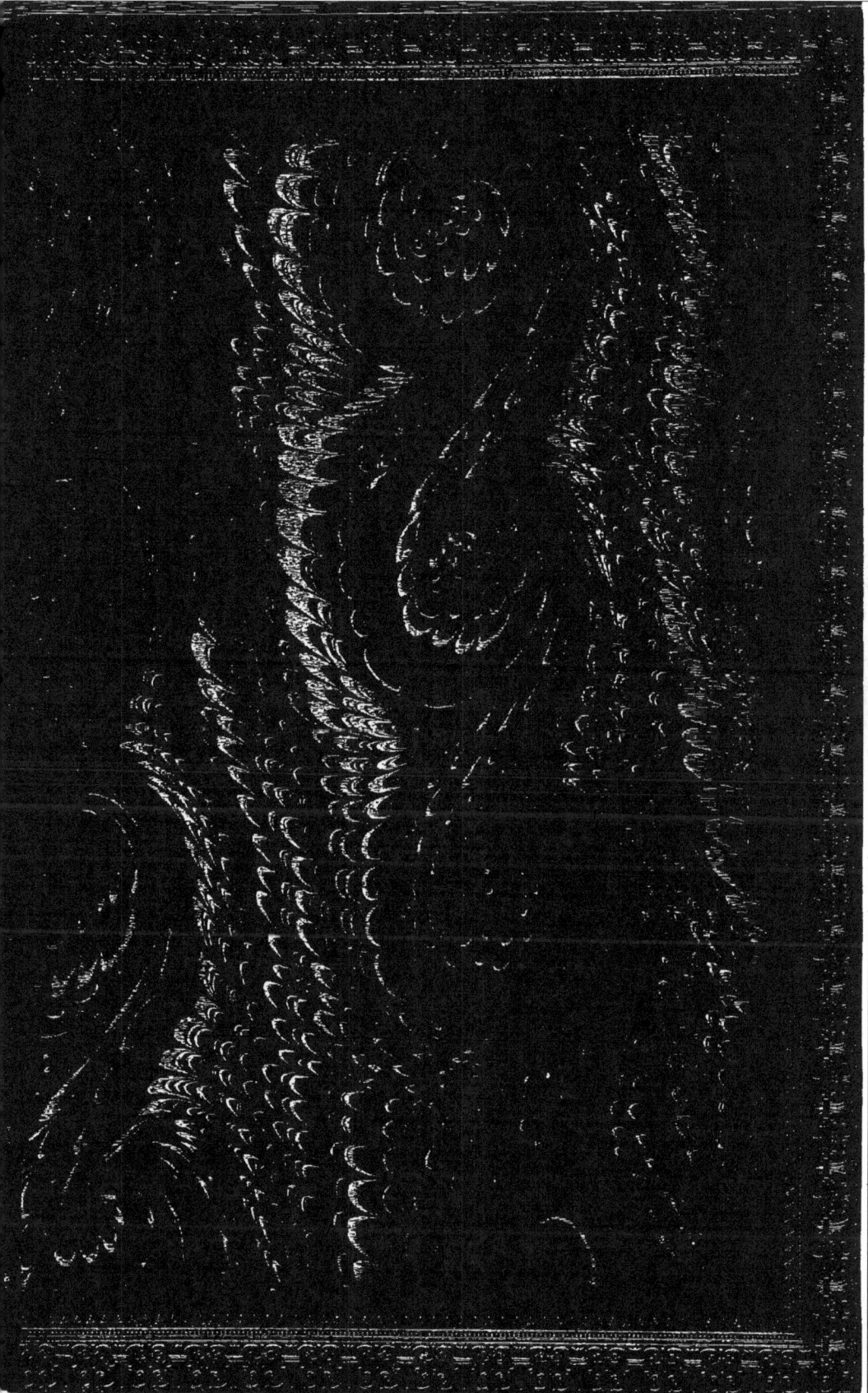

www.ingramcontent.com/pod-product-compliance
Lightning Source LLC
LaVergne TN
LVHW052103090426
835512LV00035B/964